ARCHIVO DE CARICATURAS DEL PRESIDENTE

JOSÉ AZCONA

(1986-1990)

MERENDÓN
COLECCIÓN

ARCHIVO DE CARICATURAS DEL PRESIDENTE
JOSÉ AZCONA (1986—1990)

©Colección MERENDÓN
Supervisión Editorial: Óscar Flores López
Diseño de portada: Andrea Rodríguez
Administración: Tesla Rodas y Jéssica Cordero
Director Ejecutivo: José Azcona Bocock

Primera Edición
Tegucigalpa, Honduras—Diciembre de 2024

A MI PAPÁ LE HACÍAN MUCHA GRACIA LAS CARICATURAS

En la casa de mis padres había múltiples caricaturas enmarcadas, colocadas en lugares visibles. Aunque mi papá no era muy dado a la presunción, sí disfrutaba mucho de las caricaturas y quería que fueran vistas. Le causaban gran gracia, y siempre las consideró un arte valioso que permitía explicar de manera visual y fácil de entender situaciones complejas.

Por tanto, siempre apreció profundamente el trabajo de los caricaturistas, en particular aquellos que coincidieron con su periodo activo de gobierno. Entre los muchos archivos de informes y notas periodísticas que fueron almacenados para servir al futuro estudio histórico, encontramos varios dedicados exclusivamente a las caricaturas.

En ellas se reflejan los temas más relevantes con los que tuvo que lidiar su gobierno. Durante ese tiempo, Honduras ocupaba una posición geopolítica de gran importancia, marcada por los desafíos derivados de la Guerra Fría y los conflictos en la región centroamericana. Otro reto significativo fue el área económica: en medio de los conflictos bélicos regionales, se buscaba lograr un crecimiento económico suficiente y mantener la estabilidad del Lempira.

Además, se mantenía vigente un modelo de participación y liderazgo estatal en la construcción de una economía orientada al bienestar común, lo que otorgaba una gran participación a los gremios, cooperativas, sindicatos y al sector campesino organizado. Así, surgió una pluralidad de actores sociales que encontraron representación en estas caricaturas.

Como depositario de esta colección, no he censurado ni una sola caricatura para su publicación. Mi papá siempre creyó firmemente en la libertad de expresión, y, como promotor de la recuperación de nuestra memoria histórica, considero que esta debe ser presentada al presente de la forma más íntegra posible. La memoria de tiempos en los que se debatían temas trascendentes con buen humor y ecuanimidad puede servirnos en el camino hacia nuestro desarrollo político.

Este es un viaje al pasado, a una época fundamental en la historia de Honduras. A través de estas caricaturas, podrán seguir el mayor logro en la historia de la diplomacia centroamericana: el proceso de paz que puso fin a la Guerra Fría en la región. Este proceso se logró incluso ante la oposición inicial de las grandes potencias y, a diferencia de otras partes del mundo, fue liderado localmente. El periodo también coincidió con el afianzamiento de nuestra democracia y la institucionalización del rol constitucional de las Fuerzas Armadas, que comenzaron a dejar atrás su intervención en la política nacional.

Esperamos que esta compilación sea de su agrado. Agradecemos profundamente al equipo de Erandique, especialmente a Óscar Flores y Tesla Rodas.

José S. Azcona Bocock
Director Ejecutivo de Colección Erandique

UN VIAJE PARA REÍR, RECORDAR Y REFLEXIONAR

Durante una de nuestras habituales reuniones de los lunes, le pregunté al ingeniero José Azcona Bocock si su papá no se molestaba con las caricaturas que publicaban de él en los periódicos hondureños.

"No —me respondió—. Él trató de guardar todas las caricaturas, incluso aquellas en las que era criticado fuertemente, y luego formó su propio archivo".

…Y de ese archivo nace este libro que abarca cuatro años (1986—1990), del periodo de gobierno del ingeniero José Azcona Hoyo.

Fueron cuatro años difíciles. Era apenas el segundo gobierno democrático después de los tiempos en los que los militares estuvieron entronizados en el poder.

Se vivía la época de la Guerra Fría, y los pequeños países de la región vivían sometidos a los caprichos de las dos superpotencias: Estados Unidos y la Unión Soviética.

El presidente Azcona tuvo que lidiar, además, con el déficit fiscal, la deslealtad de algunos de los altos dirigentes de su propio partido (el Liberal), el desempleo, la presencia de los Contras, las amenazas permanentes del régimen sandinista de Nicaragua, la crisis agraria y la devaluación.

Por aquel entonces, una de las tradiciones cotidianas de miles de hondureños era la de comprar los periódicos impresos para deleitarse, entre otras cosas, con la caricatura del día.

Muchas veces, los caricaturistas, con un trazo y unas pocas palabras —o sin ninguna de ellas— resumían de una manera más clara y entendible, lo que los largos editoriales o artículos de opinión expresaban en muchos párrafos.

Por esa razón, los caricaturistas eran una celebridad.

El poder, sin embargo, siempre les tuvo temor. La burla y la risa popular que provocan las caricaturas, son muchas veces subversivas.

Se sabe de mandatarios, generales, políticos, funcionarios y diplomáticos que abrían con pinzas el diario y pasaban sus páginas lentamente y con un ojo cerrado, temerosos de encontrarse retratados en una situación vergonzosa.

Tres reconocidos caricaturistas nos comparten sus recuerdos en relación a la actitud del mandatario cuando era caricaturizado.

"No, nunca, jamás me llamó para reclamarme, ni me mandó mensajes con nadie. Aunque vivíamos tiempos complicados, personalmente, como caricaturista, pude trabajar tranquilamente durante el gobierno del ingeniero Azcona. La censura no era oficial, sino más bien de los dueños del periódico, ja, ja, ja".

Son palabras de Douglas Montes de Oca, mejor conocido por su nombre artístico de Doumont.

"Cuando lo dibujaba, yo exageraba un poco el tamaño de su nariz. La hacía desproporcionada, para hacerla más jocosa. Y tampoco eso me generó problemas. Hay personajes que son quisquillosos, que se enojan cuando uno magnifica algún rasgo físico o se les critica por una metida de pata. El presidente Azcona no fue así"; agrega Doumont.

Por su parte, Bey Avendano recuerda que "Con el presidente Azcona no tuve ningún problema. Fue bastante tolerante y respetuoso. Su esposa, la primera dama, doña Mirriam, nos invitó, junto a otros caricaturistas, a una exposición colectiva. Le regalé una caricatura en la que ella aparecía junto a varios niños, porque hizo una gran gestión al frente de la Junta Nacional de Bienestar Social".

Ahora habla Allan McDonald.

En un evento en el Centro Cultural Sampedrano, el presidente Azcona me dijo que le gustaban mis caricaturas, pero que no siempre estaba de acuerdo. Lo dijo particularmente por una caricatura cuando él no le entregó los documentos a Crescencio Arcos para oficializarlo como embajador de Estados Unidos en Honduras —recuerda Allan, que en ese entonces apenas era un adolescente.

"Lo tuvo seis meses sin papeles, ja, ja, ja", se ríe McDonald. "Entonces, dibujé a Crescencio Arcos como un indocumentado en Honduras. A pesar de su carácter fuerte, el presidente Azcona nunca fue irrespetuoso".

De la mano de los grandes maestros de la caricatura como Napoleón Ham, Ramón Villeda Bermúdez, Raviber, Roberto Ruiz, Roberto Williams, Rowi, Ángel Darío Banegas (y los ya citados Doumont, McDonald y Bey), el lector podrá realizar un rápido, así como divertido y reflexivo viaje, por la Honduras de hace treinta y ocho años.

Además del presidente Azcona, aparecen otros personajes que jugaron un papel relevante en ese entonces. Debo reconocer la libertad absoluta con la que trabajé este libro de caricaturas. A pesar de que en algunas de ellas se burlan o critican a su papá, el ingeniero José Azcona Bocock en ningún momento me pidió "quite esta o aquella".

Eso habla mucho de su respeto a la libertad de prensa y de expresión, de su tolerancia y de su buen humor.

En el proceso de armar este libro recordé muchos sucesos de los 80´s. Reí, reflexioné y me puse nostálgico. Eso solo lo logran esos magos del arte que conocemos como caricaturistas.

Óscar Flores López
Editor Colección Erandique

1986:
SANDINISMO, DÉFICIT FISCAL Y "CANILLERAS"

El gobierno de Rosuco. Ahora es el turno del ingeniero José Azcona. En buen caliche, "la cosa está peluda": los Contras viven a sus anchas en Honduras, mientras los en Nicaragua, los Sandinistas, con el comandante Daniel Ortega a la cabeza, se arman hasta los dientes. En las oficinas gubernamentales se pasean los fantasmas de los despidos. El gasto público y el déficit fiscal también son otras preocupaciones del mandatario.

Banegas
(EL HERALDO) 5 de Julio de 1986

Doumont
(TIEMPO) 14 de Julio de 1986

Banegas
(EL HERALDO) 15 de Julio de 1986

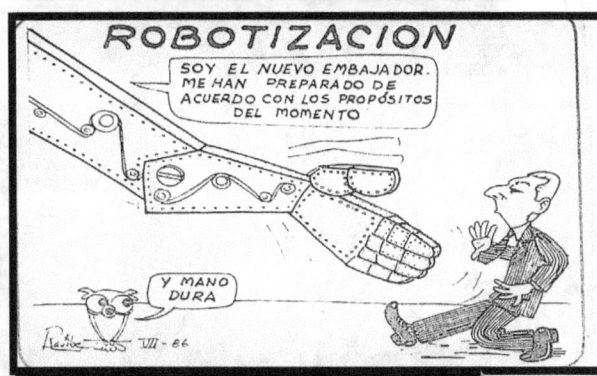

Raviber
(EL HERALDO) 5 de Julio de 1986

Banegas
(EL HERALDO) 11 de Julio de 1986

Doumont
(TIEMPO) 30 de Julio de 1986

Napoleón Ham
(LA TRIBUNA) 19 de Julio de 1986

Banegas
(EL HERALDO) 12 de agosto de 1986

Rowi
(LA PRENSA) 14 de agosto de 1986

Benitez 86
(TIEMPO) 23 de agosto de 1986

Napoleón Ham
(LA TRIBUNA) 21 de agosto de 1986

Banegas
(EL HERALDO) 29 de agosto de 1986

Doumont
(TIEMPO) 29 de agosto de 1986

Banegas
(EL HERALDO) 8 de septiembre de 1986

Napoleón Ham
(LA TRIBUNA) 8 de septiembre de 1986

Doumont
(TIEMPO) 8 de septiembre de 1986

Banegas
(EL HERALDO) 15 de noviembre de 1986

Roberto Ruiz
(LA TRIBUNA) 15 de noviembre de 1986

Doumont
(EL TIEMPO) 17 de noviembre de 1986

Doumont
(EL TIEMPO) 17 de noviembre de 1986

Napoleón Ham
(LA TRIBUNA) 17 de noviembre de 1986

Doumont
(EL TIEMPO) 17 de noviembre de 1986

Bey Avendaño
(LA TRIBUNA) 21 de noviembre de 1986

Banegas
(EL HERALDO) 21 de noviembre de

Rowi
(LA PRENSA) 21 de noviembre de 1986

Banegas
(EL HERALDO) 25 de noviembre de 1986

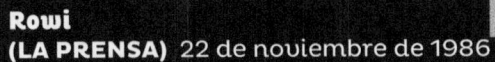

Rowi
(LA PRENSA) 22 de noviembre de 1986

Rauiber
(EL HERALDO) 22 de noviembre de 1986

Rowi
(La Prensa) 25 de noviembre de 1986

Doumont
(TIEMPO) 26 de noviembre de 1986

Roberto Ruiz
(TIEMPO) 6 de diciembre de 1986

Doumont
(TIEMPO) 26 de noviembre de 1986

Doumont
(TIEMPO) 13 de diciembre de 1986

Ravíber
(EL HERALDO) 13 de diciembre de 1986

Napoleón Ham
(LA TRIBUNA) 13 de diciembre de 1986

Banegas
(EL HERALDO) 17 de diciembre de 1986

Napoleón Ham
(LA TRIBUNA) 12 de diciembre de 1986

Napoleón Ham
(LA TRIBUNA) 23 de diciembre de 1986

1987:
CALLEJAS, CONFLICTO EN EL INA Y LA SEMANA "ZÁNGANA"

Apenas cumplido el primer año del Gobierno del presidente Azcona, un líder de la oposición amenaza con convertirse en una molesta piedra en el zapato: el nacionalista Rafael Leonardo Callejas. Por su parte, grupos campesinos exigen el despido de Mario Espinal, director del INA. Pero no todo es malo, pues los empleados públicos se van pa´ la costa norte a darse un merecido chapuzón.

Doumont
(TIEMPO) 31 de diciembre de 1986

Raviber
(EL HERALDO) 27 de diciembre de 1986

Rowi
(LA PRENSA) 27 de diciembre de 1986

Napoleón Ham
(LA TRIBUNA) 17 de enero de 1987

Napoleón Ham
(LA TRIBUNA) 17 de enero de 1987

Doumont
(TIEMPO) 3 de enero de 1987

Napoleón Ham
(LA TRIBUNA) 3 de enero de 1987

Benitez
(TIEMPO) 10 de enero de 1987

Doumont
(TIEMPO) 17 de enero de 1987

Doumont
(TIEMPO) 8 de enero de 1987

Raviber
(EL HERALDO) 24 de enero de 1987

Napoleón Ham
(LA TRIBUNA) 22 de enero de 1987

Napoleón Ham
(LA TRIBUNA) 24 de enero de 1987

Banegas
(EL HERALDO) 23 de enero de 1987

Raviber
(EL HERALDO) 24 de enero de 1987

Napoleón Ham
(LA TRIBUNA) 14 de enero de 1987

Banegas
(EL HERALDO) 27 de enero de 1987

Napoleón Ham
(LA TRIBUNA) 24 de enero de 1987

Rowi
(LA PRENSA) 27 de enero de 1987

Raviber
(EL HERALDO) 31 de enero de 1987

Raviber
(EL HERALDO) 7 de febrero de 1987

Napoleón Ham
(LA TRIBUNA) 12 de febrero de 1987

Doumont
(EL HERALDO) 27 de enero de 1987

Culturizando los 365 días del gobierno del presidente José Azcona Hoyo

Nuestro artista Douglas Montes de Oca (Doumont), a través de su indiscutible talento y criterio, ha seleccionado las mejores caricaturas hechas a la figura del presidente de la República, José Azcona Hoyo, mismas que fueron publicadas en las ediciones de TIEMPO durante el primer año de gobierno del mandatario.

Banegas
(EL HERALDO) 5 de febrero de 1987

Raviber
(EL HERALDO) 14 de febrero de 1987

Rowi
(LA PRENSA) 17 de febrero de 1987

Rowi (LA PRENSA) 20 de febrero de 1987

Raviber (ELHERALDO) 21 de febrero de 1987

Bey Avendaño (LA TRIBUNA) 21 de febrero de 1987

Raviber (ELHERALDO) 21 de febrero de 1987

Rowi (LA PRENSA) 25 de febrero de 1987

Banegas
(EL HERALDO) 28 de febrero de 1987

Rowi
(LA PRENSA) 28 de febrero de 1987

(LA TRIBUNA)
2 de marzo de 1987

Banegas
(EL HERALDO) 5 de marzo de 1987

"TONTITO"

Napoleón Ham
(LA TRIBUNA) 6 de marzo de 1987

Bey Avendaño
(LA TRIBUNA) 7 de marzo de 1987

Banegas
(EL HERALDO) 11 de marzo de 1987

Bey Avendaño
(LA TRIBUNA) 7 de marzo de 1987

Rowi
(LA PRENSA) 12 de marzo de 1987

INFLACION

Napoleón Ham
(LA TRIBUNA) 7 de marzo de 1987

VIRAJE...

Napoleón Ham
(LA TRIBUNA) 14 de marzo de 1987

El destino de Azcona...

Banegas
(EL HERALDO) 17 de marzo de 1987

SOLUCION CIVICO-MISTICA

Raviber
(EL HERALDO) 14 de marzo de 1987

Doumont
(TIEMPO) 14 de marzo de 1987

¿RESIGNADO?

Napoleón Ham
(LA TRIBUNA) 21 de marzo de 1987

PESTE

Banegas
(EL HERALDO) 21 de marzo de 1987

EQUIPAZO "CELESTIAL"

GABINETE DE GOBIERNO

Banegas
(EL HERALDO) 21 de marzo de 1987

Doumont
(EL HERALDO) 21 de marzo de 1987

Rowi
(LA PRENSA) 1 de abril de 1987

Banegas
(EL HERALDO) 3 de abril de 1987

"PREMIO"

Napoleón Ham
(LA TRIBUNA) 4 de abril de 1987

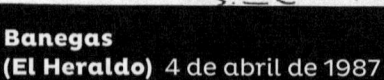

Banegas
(El Heraldo) 4 de abril de 1987

Napoleón Ham
(EL HERALDO) 4 de abril de 1987

Rowi
(LA PRENSA) 6 de marzo de 1987

Rowi
(LA PRENSA) 7 de marzo de 1987

Napoleón Ham
(LA TRIBUNA) 11 de abril de 1987

Rowi
(LA PRENSA) 11 de abril de 1987

EN LISTA DE...

Napoleón Ham
(LA TRIBUNA) 24 de abril de 1987

Banegas
(LA TRIBUNA) 29 de abril de 1987

Doumont
(TIEMPO) 29 de abril de 1987

Napoleón Ham
(LA TRIBUNA) 30 de abril de 1987

"CORRIDA" DE TOROS...

Banegas
(EL HERALDO) 6 de mayo de 1987

Doumont
(TIEMPO) 7 de mayo de 1987

Rowi
(LA PRENSA) 8 de mayo de 1987

Banegas
(EL HERALDO) 9 de mayo de 1987

Banegas
(EL HERALDO) 11 de mayo de 1987

Doumont
(TIEMPO) 11 de mayo de 1987

Doumont
(TIEMPO) 13 de mayo de 1987

Banegas
(EL HERALDO) 21 de mayo de 1987

Banegas
(EL HERALDO) 16 de mayo de 1987

Doumont
(TIEMPO) 22 de mayo de 1987

Bey Avendaño
(LA TRIBUNA) 16 de mayo de 1987

Doumont
(TIEMPO) 23 de mayo de 1987

Roberto Ruíz
(LA TRIBUNA) 23 de mayo de 1987

Bey Avendaño
(LA TRIBUNA) 23 de mayo de 1987

Banegas
(EL HERALDO) 23 de mayo de 1987

Rowi
(LA PRENSA) 26 de mayo de 1987

Banegas
(EL HERALDO) 23 de mayo de 1987

Banegas
(EL HERALDO) 27 de mayo de 1987

Roberto Ruíz
(LA TRIBUNA) 30 de mayo de 1987

Banegas
(EL HERALDO) 30 de mayo de 1987

Rowi
(LA PRENSA) 3 de junio de 1987

Napoleón Ham
(LA TRIBUNA) 3 de junio de 1987

Banegas
(EL HERALDO) 4 de junio de 1987

Roberto Ruíz
(LA TRIBUNA) 4 de junio de 1987

Raviber
(EL HERALDO) 6 de junio de 1987

Napoleón Ham
(LA TRIBUNA) 6 de junio de 1987

Napoleón Ham
(LA TRIBUNA) 9 de junio de 1987

A CAPA Y ESPADA...

NO ACEPTARE PRESIONES PARA CAMBIAR A LOS "MEJORES HOMBRES" QUE HA PARIDO HONDURAS...

Banegas
(EL HERALDO) 9 de junio de 1987

Doumont
(TIEMPO) 6 de junio de 1987

Doumont
(TIEMPO) 10 de junio de 1987

Doumont
(TIEMPO) 12 de junio de 1987

Banegas
(EL HERALDO) 15 de junio de 1987

Napoleón Ham
(LA TRIBUNA) 18 de junio de 1987

Napoleón Ham
(LA TRIBUNA) 20 de junio de 1987

Rowi
(LA PRENSA) 20 de junio de 1987

Rowi
(LA PRENSA) 18 de junio de 1987

Raviber
(EL HERALDO) 20 de junio de 1987

Doumont
(TIEMPO) 27 de junio de 1987

Banegas
(EL HERALDO) 27 de junio de 1987

Doumont
(LA PRENSA) 2 de julio de 1987

Napoleón Ham
(LA TRIBUNA) 23 de julio de 1987

Banegas
(EL HERALDO) 30 de junio de 1987

Napoleón Ham
(LA TRIBUNA) 18 de julio de 1987

Banegas
(EL HERALDO) 25 de julio de 1987

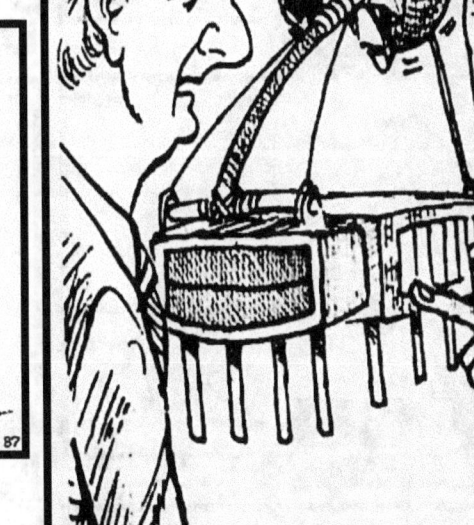

Banegas
(EL HERALDO) 1 de agosto de 1987

Napoleón Ham
(LA TRIBUNA) 17 de julio de 1987

Raviber
(EL HERALDO) 1 de agosto de 1987

Doumont
(TIEMPO) 3 de agosto de 1987

Banegas
(EL HERALDO) 6 de agosto de 1987

Roberto Ruiz
(LA TRIBUNA) 11 de agosto de 1987

Banegas
(EL HERALDO) 10 de agosto de 1987

Doumont
(TIEMPO) 15 de agosto de 1987

Doumont
(TIEMPO) 14 de agosto de 1987

Raviber
(EL HERALDO) 15 de agosto de 1987

EN 90 DIAS

Bey Avendaño
(LA TRIBUNA) 15 de agosto de 1987

Suazo RIF
(LA PRENSA) 18 de agosto de 1987

Doumont
(TIEMPO) 18 de agosto de 1987

Doumont
(TIEMPO) 21 de agosto de 1987

Raviber
(EL HERALDO) 22 de agosto de 1987

Doumont
(TIEMPO) 27 de julio de 1987

Roberto Ruíz
(LA TRIBUNA) 28 de agosto de 1987

Raviber
(EL HERALDO) 29 de agosto de 1987

Raviber
(EL HERALDO) 29 de agosto de 1987

Banegas
(EL HERALDO) 12 de septiembre de 1987

Roberto Ruíz
(EL HERALDO) 19 de septiembre de 1987

Doumont
(TIEMPO) 21 de septiembre de 1987

Doumont
(TIEMPO) 24 de septiembre de 1987

Banegas
(EL HERALDO) 30 de septiembre de 1987

Napoleón Ham
(LA TRIBUNA) 3 de octubre de 1987

Napoleón Ham
(LA TRIBUNA) 6 de octubre de 1987

Banegas
(LA TRIBUNA) 8 de octubre de 1987

Napoleón Ham
(LA TRIBUNA) 6 de octubre de 1987

Raviber
(EL HERALDO) 17 de octubre de 1987

Allan McDonalds
(LA PRENSA) 19 de octubre de 1987

Arcadio
(TIEMPO) 21 de octubre de 1987

Roberto Ruíz
(LA TRIBUNA) 23 de octubre de 1987

Desconocido
(LA TRIBUNA) 24 de octubre de 1987

Doumont
(TIEMPO) 26 de octubre de 1987

Doumont
(TIEMPO) 27 de octubre de 1987

Doumont
(TIEMPO) 28 de octubre de 1987

Napoleón Ham
(La TRIBUNA) 28 de octubre de 1987

Doumont
(TIEMPO) 30 de octubre de 1987

EXTRA-OFICIAL

Napoleón Ham
(LA TRIBUNA) 31 de octubre de 1987

Ravibér
(EL HERALDO) 31 de octubre de 1987

Doumont
(TIEMPO) 20 de noviembre de 1987

Enecete
(LA TRIBUNA) 5 de noviembre de 1987

Allan McDonalds
(LA PRENSA) 14 de noviembre de 1987

Banegas
(EL HERALDO) 17 de noviembre de 1987

Napoleón Ham
(LA TRIBUNA) 19 de noviembre de 1987

Allan McDonalds
(LA PRENSA) 19 de noviembre de 1987

Doumont
(TIEMPO) 19 de noviembre de 1987

Napoleón Ham
(LA TRIBUNA) 21 de noviembre de 1987

Bey Avendaño
(LA TRIBUNA) 21 de noviembre de 1987

Raviber
(EL HERALDO) 21 de noviembre de 1987

Doumont
(TIEMPO) 23 de noviembre de 1987

Banegas
(EL HERALDO) 21 de noviembre de 1987

Banegas
(EL HERALDO) 28 de noviembre de 1987

Allan McDonalds
(LA PRENSA) 24 de noviembre de 1987

Napoleón Ham
(LA TRIBUNA) 24 de noviembre de 1987

Roberto Ruíz
(LA TRIBUNA) 28 de noviembre de 1987

Raviber
(EL HERALDO) 28 de noviembre de 1987

¿AUTORIDAD?

Napoleón Ham
(LA TRIBUNA) 28 de noviembre de 1987

Raviber
(EL HERALDO) 28 de noviembre de 1987

IMAGEN EXTERIOR

Napoleón Ham
(LA TRIBUNA) 5 de diciembre de 1987

DIVORCIO FUNPUNERO

Doumont
(TIEMPO) 7 de diciembre de 1987

EL "TRADICIONAL"

Bey Avendaño
(LA TRIBUNA) 12 de diciembre de 1987

Doumont
(TIEMPO) 7 de diciembre de 1987

Banegas
(EL HERALDO) 16 de diciembre de 1987

Doumont
(TIEMPO) 28 de diciembre de 1987

Napoleón Ham
(LA TRIBUNA) 29 de diciembre de 1987

Banegas
(EL HERALDO) 31 de diciembre de 1987

Banegas
(EL HERALDO) 31 de diciembre de 1987

1988:
UNA RIVAL IMPOSIBLE DE VENCER,
LOS CONTRAS Y LA PAZ DE CENTROAMÉRICA

Para Ramón Villeda Bermúdez, Raviber, el presidente tiene que enfrentar en este año una lucha peligrosa: el narcotráfico. Los Contras, apadrinados por el gobierno gringo, continúa provocando tensión en suelo centroamericano, especialmente en Honduras. ¿Podrán los presidente del área regalarles a sus pueblos, de una vez por todas, la paz. ¿"Toreará" el ingeniero Azcona a los hondureños con nuevos impuestos?

Napoleón Ham
(LA TRIBUNA) 31 de diciembre de 1987

Raviber
(EL HERALDO) 2 de enero de 1988

Raviber
(EL HERALDO) 2 de enero de 1988

Doumont
(TIEMPO) 2 de enero de 1988

Napoleón Ham
(LA TRIBUNA) 5 de enero de 1988

Doumont
(TIEMPO) 9 de enero de 1988

Doumont
(TIEMPO) 9 de enero de 1988

Doumont
(TIEMPO) 7 de enero de 1988

Napoleón Ham
(LA TRIBUNA) 9 de enero de 1988

Doumont
(TIEMPO) 9 de enero de 1988

Doumont
(TIEMPO) 11 de enero de 1988

Banegas
(EL HERALDO) 13 de enero de 1988

Napoleón Ham
(EL HERALDO) 15 de enero de 1988

McDonalds
(LA PRENSA) 16 de enero de 1988

Doumont
(TIEMPO) 16 de enero de 1988

Napoleón Ham
(LA TRIBUNA) 16 de enero de 1988

Napoleón Ham
(LA TRIBUNA) 18 de enero de 1988

Banegas
(EL HERALDO) 20 de enero de 1988

Napoleón Ham
(LA TRIBUNA) 27 de enero de 1988

Banegas
(EL HERALDO) 27 de enero de 1988

Doumont
(TIEMPO) 29 de enero de 1988

Doumont
(TIEMPO) 2 de febrero de 1988

Raviber
(EL HERALDO) 30 de enero de 1988

Doumont
(TIEMPO) 3 de febrero de 1988

McDonalds
(LA PRENSA) 4 de febrero de 1988

60

¡ALTO!

Banegas
(EL HERALDO) 4 de febrero de 1988

Napoleón Ham
(LA TRIBUNA) 13 de febrero de 1988

Banegas
(EL HERALDO) 9 de febrero de 1988

Napoleón Ham
(LA TRIBUNA) 13 de febrero de 1988

Banegas
(EL HERALDO) 17 de febrero de 1988

sitraina
SINDICATO DE TRABAJADORES DEL INSTITUTO NACIONAL AGRARIO

ASI MARCHA EL INA CON ESPINAL

ANTECEDENTES HISTORICOS:

En 1986, Mario Espinal llega al INA, llevando consigo a familiares y amigos a altos cargos ejecutivos, practicando así el verdadero nepotismo.

MARIO ESPINAL EL MEJOR DIRECTOR DEL INA QUE HA PARIDO HONDURAS.

También se rodeó a su llegada de una asesoría que desconoce los elementos fundamentales de Reforma Agraria y son los autores de los atropellos a las Leyes y a los trabajadores en la institución.

Hoy en día argumenta austeridad y economía presupuestaria en los múltiples despido que ejecuta contra los humildes trabajadores, mientras que ha comprado un precioso vehículo último modelo para viajar cómodamente.

Envía permanentemente a sus amigos y parientes a viaticar con el fin de que éstos se agencien de algunos fondos de la institución en su brillante administración.

Con las famosas "reestructuraciones y estrategias de desarrollo que implementa desde su llegada, paralizó el proceso agrario desorientó a los empleados, a los campesinos y mucho más a sus familiares y parientes que nunca en su vida habían vivido el proceso de Reforma Agraria.

Mario Espinal es lo más grande, lo más novedoso en los actuales momentos; el férreo enemigo del movimiento sindical hondureño y de las organizaciones campesinas.

Todo lo tiene Mario Espinal, todo, todo, todo lo malo, todo lo inhumano; ha dejado sin el pan de cada día a más de 900 empleados y unos 4,000 niños hondureños, hijos de los trabajadores que han quedado sin el sostén diario.

Así es el flamante director del INA, MARIO ESPINAL.

Tegucigalpa, municipio del Distrito Central 16 de febrero de 1988.

JUNTA DIRECTIVA CENTRAL DEL SITRAINA.

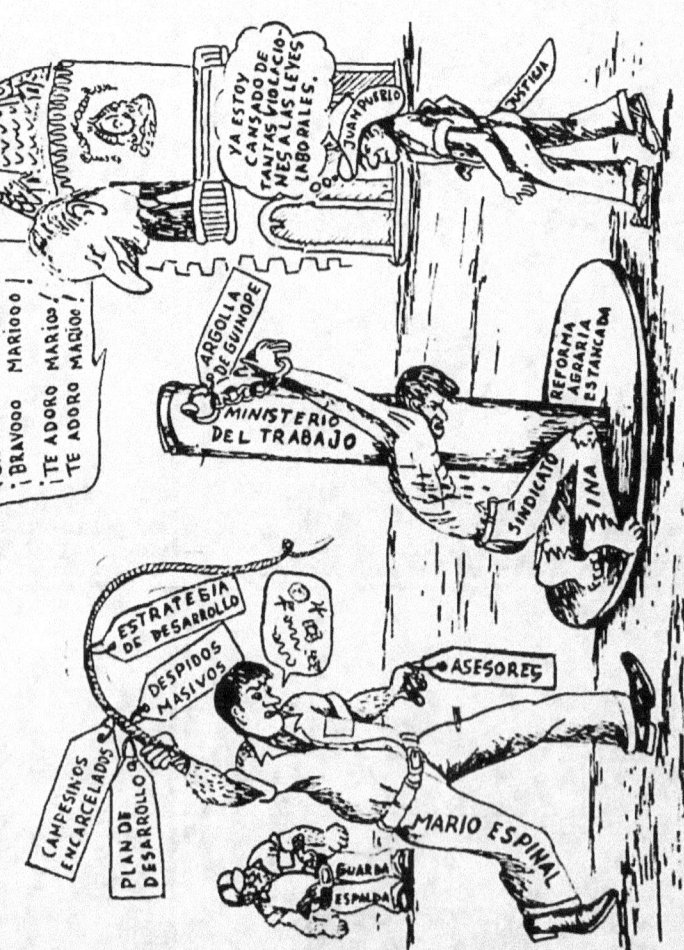

"AMOR ETERNO..."

Banegas
(EL HERALDO) 23 de febrero de 1988

Banegas
(EL HERALDO) 24 de febrero de 1988

Banegas
(EL HERALDO) 25 de febrero de 1988

Doumont
(TIEMPO) 25 de febrero de 1988

Napoleón Ham
(LA TRIBUNA) 25 de febrero de 1988

Raviber
(EL HERALDO) 27 de febrero de 1988

Raviber
(EL HERALDO) 27 de febrero de 1988

Napoleón Ham
(LA TRIBUNA) 27 de febrero de 1988

Bey Avendaño
(LA TRIBUNA) 29 de febrero de 1988

McDonalds
(LA PRENSA) 29 de febrero de 1988

Doumont
(TIEMPO) 29 de febrero de 1988

McDonalds
(LA PRENSA) 3 de marzo de 1988

Doumont
(TIEMPO) 4 de marzo de 1988

Doumont
(TIEMPO) 12 de marzo de 1988

Napoleón Ham
(LA TRIBUNA) 12 de marzo de 1988

Doumont
(TIEMPO) 12 de marzo de 1988

McDonalds
(LA PRENSA) 18 de marzo de 1988

Napoleón Ham
(LA TRIBUNA) 19 de marzo de 1988

Napoleón Ham
(LA TRIBUNA) 19 de marzo de 1988

Napoleón Ham
(LA TRIBUNA) 22 de marzo de 1988

McDonalds
(LA PRENSA) 5 de abril de 1988

Doumont
(TIEMPO) 8 de abril de 1988

Raviber
(EL HERALDO) 9 de abril de 1988

Napoleón Ham
(LA TRIBUNA) 13 de abril de 1988

Banegas
(EL HERALDO) 14 de abril de 1988

Doumont
(TIEMPO) 15 de abril de 1988

Bey Avendaño
(LA TRIBUNA) 16 de abril de 1988

Banegas
(EL HERALDO) 16 de abril de 1988

Banegas
(EL HERALDO) 16 de abril de 1988

Doumont
(TIEMPO) 16 de abril de 1988

Napoleón Ham
(LA TRIBUNA) 18 de abril de 1988

Doumont
(TIEMPO) 20 de abril de 1988

McDonalds
(LA PRENSA) 21 de abril de 1988

Napoleón Ham
(LA TRIBUNA) 23 de abril de 1988

Banegas
(EL HERALDO) 23 de abril de 1988

Napoleón Ham
(LA TRIBUNA) 30 de abril de 1988

Doumont
(TIEMPO) 2 de mayo de 1988

Doumont
(TIEMPO) 3 de mayo de 1988

Raviber
(EL HERALDO) 7 de mayo de 1988

Bey Avendaño
(LA TRIBUNA) 7 de mayo de 1988

Doumont
(TIEMPO) 7 de mayo de 1988

Banegas
(EL HERALDO) 10 de mayo de 1988

Doumont
(TIEMPO) 10 de mayo de 1988

Doumont
(TIEMPO) 14 de mayo de 1988

Bey Avendaño
(LA TRIBUNA) 21 de mayo de 1988

McDonalds
(LA PRENSA) 23 de Mayo de 1988

Doumont
(TIEMPO) 24 de Mayo de 1988

Raviber
(EL HERALDO) 28 de mayo de 1988

Sergio Chiuz
(LA TRIBUNA) 28 de mayo de 1988

Napoleón Ham
(LA TRIBUNA) 21 de mayo de 1988

Napoleón Ham
(EL HERALDO) 31 de mayo de 1988

Banegas
(EL HERALDO) 1 de junio de 1988

Bey Avendaño
(LA TRIBUNA) 10 de junio de 1988

Doumont
(TIEMPO) 15 de junio de 1988

Banegas
(LA TRIBUNA) 18 de junio de 1988

Arturo
(TIEMPO) 21 de junio de 1988

Sergio Chiuz
(EL HERALDO) 25 de junio de 1988

Sergio Chiuz
(EL HERALDO) 18 de junio de 1988

Napoleón Ham
(LA TRIBUNA) 25 de junio de 1988

Doumont
(TIEMPO) 30 de junio de 1988

McDonalds
(LA PRENSA) 1 de julio de 1988

Napoleón Ham
(LA TRIBUNA) 2 de julio de 1988

Napoleón Ham
(LA TRIBUNA) 2 de julio de 1988

Banegas
(EL HERALDO) 5 de julio de 1988

Doumont
(TIEMPO) 4 de julio de 1988

Roberto Ruiz
(LA TRIBUNA) 11 de julio de 1988

Napoleón Ham
(LA TRIBUNA) 15 de julio de 1988

Napoleón Ham
(EL HERALDO) 15 de julio de 1988

Roberto Ruiz
(LA TRIBUNA) 16 de julio de 1988

Doumont
(TIEMPO) 16 de julio de 1988

Doumont
(TIEMPO) 16 de julio de 1988

Banegas
(LA TRIBUNA) 18 de junio de 1988

Banegas
(EL HERALDO) 20 de julio de 1988

Banegas
(EL HERALDO) 18 de julio de 1988

Roberto Ruiz
(LA TRIBUNA) 20 de julio de 1988

Doumont
(TIEMPO) 21 de julio de 1988

McDonalds
(LA PRENSA) 21 de julio de 1988

Doumont
(TIEMPO) 22 de julio de 1988

Banegas
(EL HERALDO) 23 de julio de 1988

Banegas
(EL HERALDO) 25 de julio de 1988

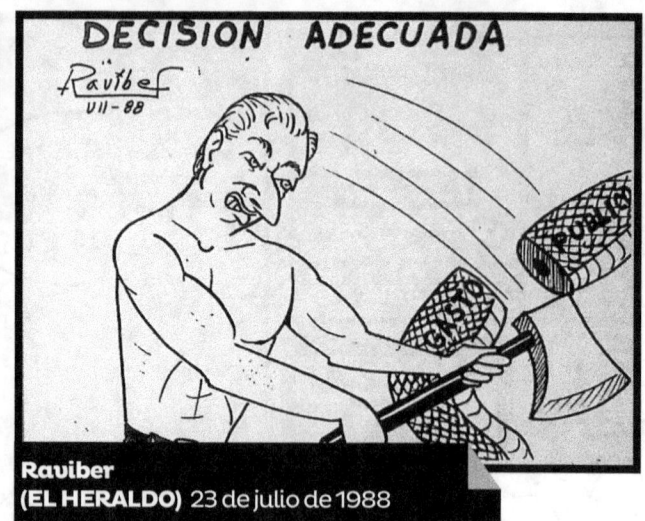

Raviber
(EL HERALDO) 23 de julio de 1988

Doumont
(TIEMPO) 23 de julio de 1988

Doumont
(TIEMPO) 23 de julio de 1988

Napoleón Ham
(LA TRIBUNA) 23 de julio de 1988

Doumont
(TIEMPO) 28 de julio de 1988

Roberto Ruíz
(LA TRIBUNA) 29 de julio de 1988

Banegas
(EL HERALDO) 30 de julio de 1988

Doumont
(TIEMPO) 2 de agosto de 1988

Banegas
(EL HERALDO) 1 de agosto de 1988

Doumont
(TIEMPO) 6 de agosto de 1988

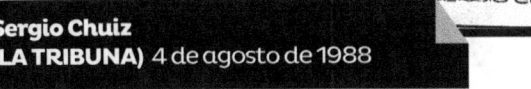

Sergio Chuiz
(LA TRIBUNA) 4 de agosto de 1988

Raviber
(EL HERALDO) 6 de Agosto de 1988

Doumont
(TIEMPO) 6 de agosto de 1988

Doumont
(TIEMPO) 8 de agosto de 1988

Doumont
(TIEMPO) 9 de agosto de 1988

Banegas
(EL HERALDO) 13 de agosto de 1988

Roberto Ruiz
(LA TRIBUNA) 13 de agosto de 1988

Banegas
(EL HERALDO) 18 de agosto de 1988

Doumont
(TIEMPO) 18 de agosto de 1988

Doumont
(TIEMPO) 19 de julio de 1988

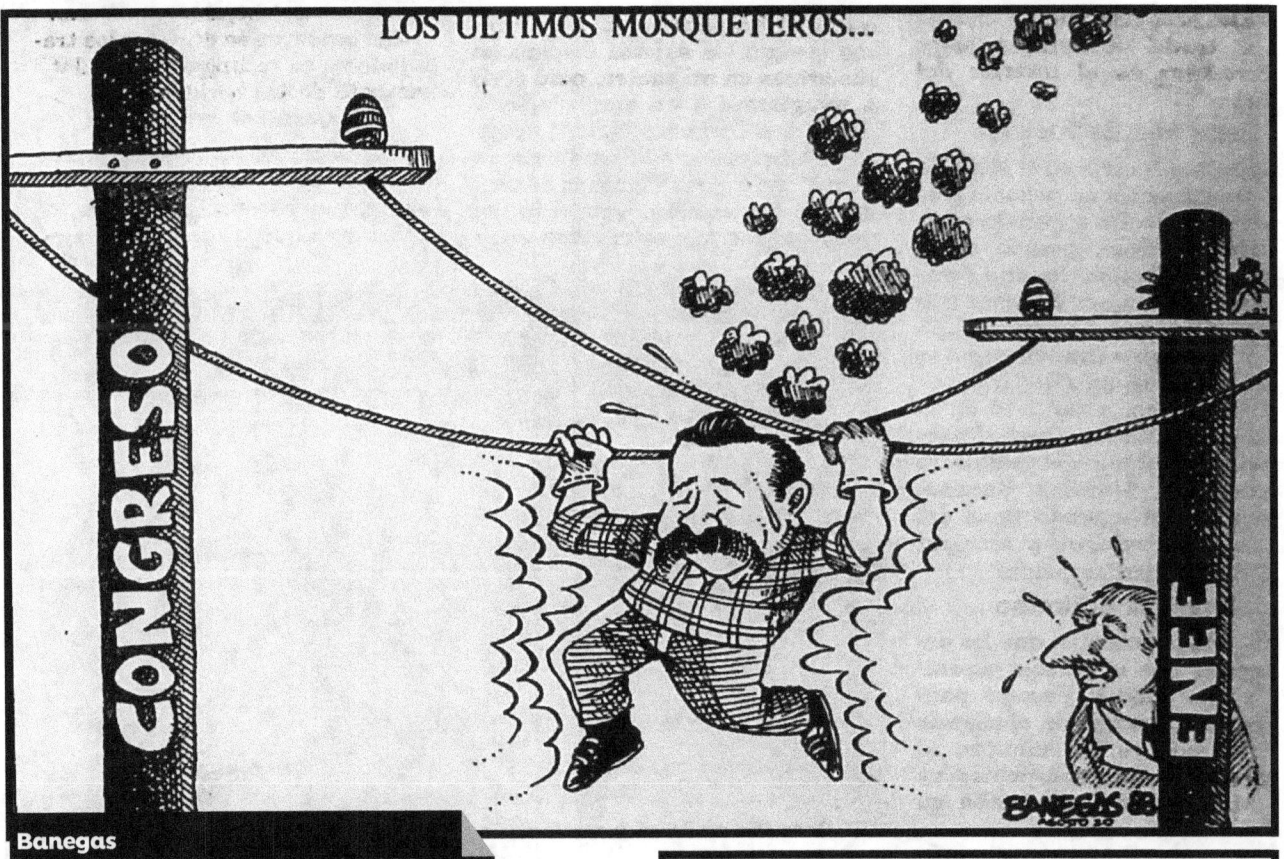

Banegas
(EL HERALDO) 20 de agosto de 1988

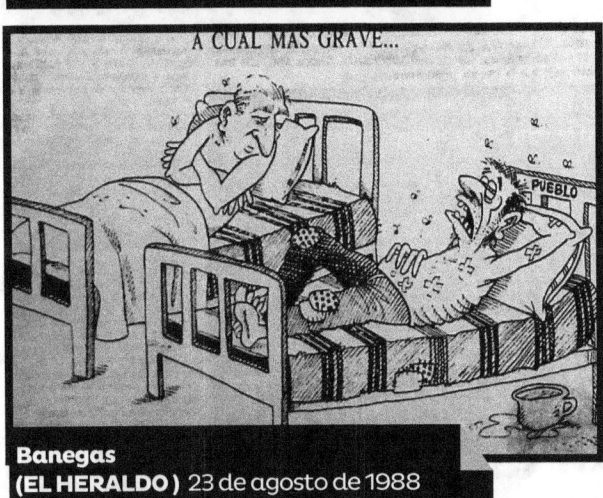

Banegas
(EL HERALDO) 23 de agosto de 1988

McDonalds
(LA PRENSA) 23 de agosto de 1988

Doumont
(TIEMPO) 25 de agosto de 1988

Doumont
(TIEMPO) 27 de agosto de 1988

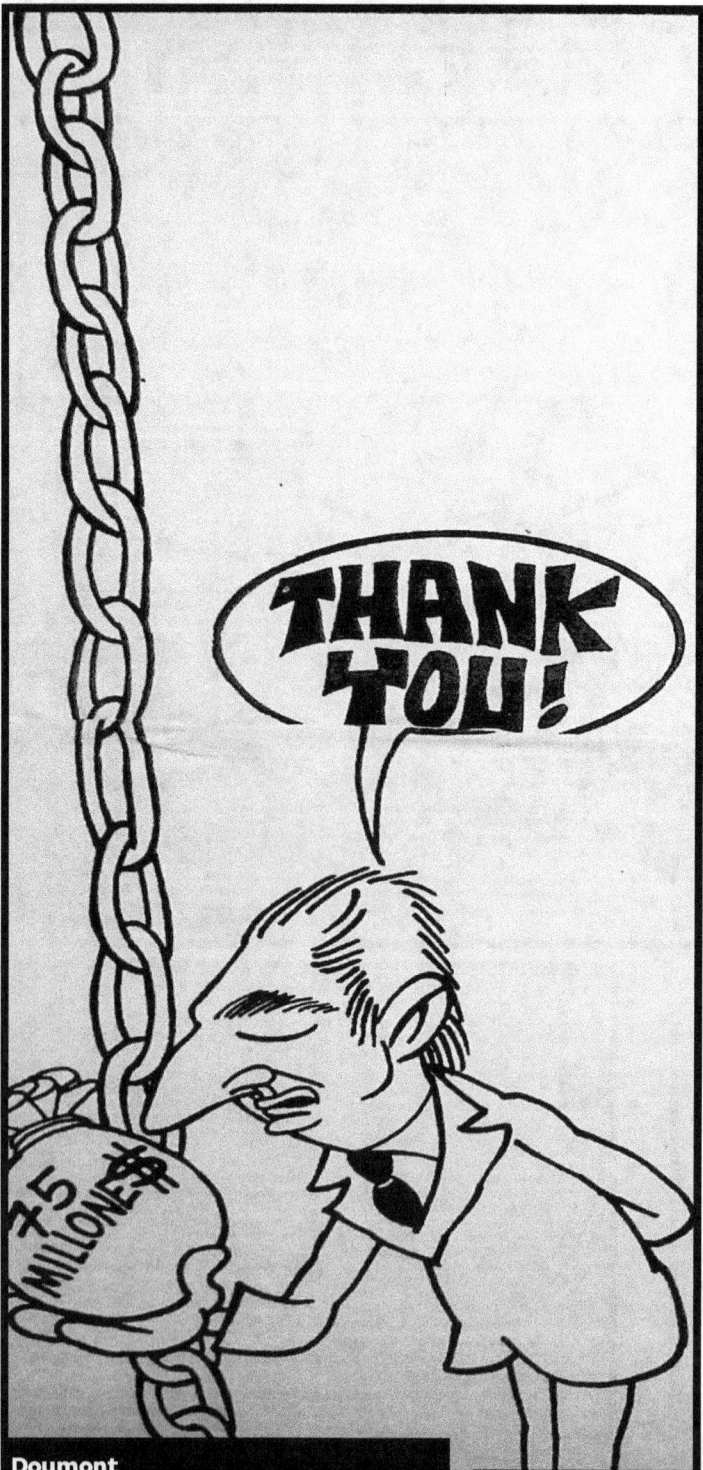

Doumont
TIEMPO) 27 de agosto de 1988

Doumont
(TIEMPO) 27 de agosto de 1988

Banegas
(EL HERALDO) 27 de agosto de 1988

Roberto Ruiz
(LA TRIBUNA) 30 de Agosto de 1988

Bey Avendaño
(LA TRIBUNA) 16 de abril de 1988

Napoleón Ham
(LA TRIBUNA) 2 de septiembre de 1988

Roberto Ruiz
(LA TRIBUNA) 3 de septiembre de 1988

Banegas
(EL HERALDO) 3 de septiembre de 1988

Banegas
(EL HERALDO) 3 de septiembre de 1988

Doumont
(TIEMPO) 3 de septiembre de 1988

Banegas
(EL HERALDO) 9 deSeptiembre de 1988

Banegas
(EL HERALDO) 3 deseptiembre de 1988

Roberto Ruiz
(LA TRIBUNA) 10 de septiembre de 1988

Sergio Chiuz
(LA TRIBUNA) 10 de septiembre de 1988

Sergio Chuiz
(LA TRIBUNA) 4 de agosto de 1988

Raviber
(EL HERALDO) 10 de septiembre de 1988

Banegas
(EL HERALDO) 10 de septiembre de 1988

Doumont
(TIEMPO) 10 de septiembre de 1988

Doumont
(TIEMPO) 17 de septiembre de 1988

Napoleón Ham
(LA TRIBUNA) 17 de septiembre de 1988

Napoleón Ham
(LA TRIBUNA) 17 de septiembre de 1988

McDonalds
(LA TRIBUNA) 20 de septiembre de 1988

Napoleón Ham
(LA TRIBUNA) 21 de Septiembre de 1988

Banegas
(EL HERALDO) 28 de septiembre de 1988

Mc Donalds
(LA PRENSA) 28 de septiembre de 1988

Sergio Chiuz
(LA TRIBUNA) 10 de septiembre de 1988

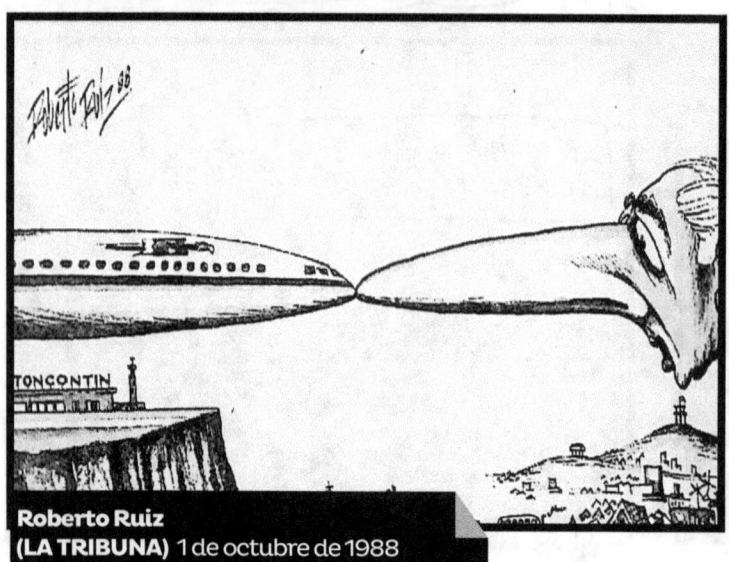

Roberto Ruiz
(LA TRIBUNA) 1 de octubre de 1988

McDonalds
(LA PRENSA) 1 de octubre de 1988

Napoleón Ham
(LA TRIBUNA) 1 de Octubre de 1988

Roberto Ruiz
(LA TRIBUNA) 8 de septiembre de 1988

Napoleón Ham
(LA TRIBUNA) 1 de octubre de 1988

Napoleón Ham
(LA TRIBUNA) 8 de octubre de 1988

Raviber
(EL HERALDO) 15 de octubre de 1988

EXPOSICION DE CARICATURAS DE BANEGAS EN LA SUPERIOR

TE DIGO ADIÓS...

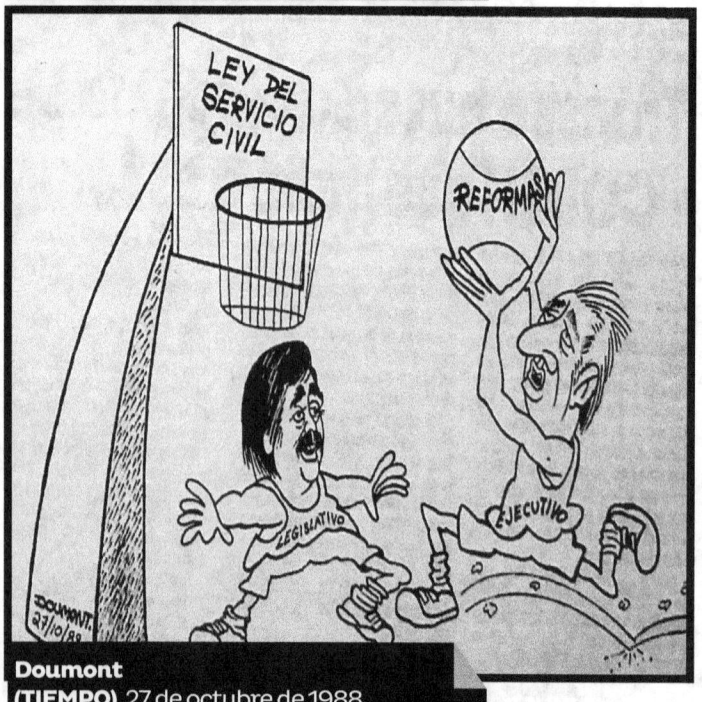

El caricaturista de EL HERALDO que tantas satisfacciones ha recibido en su vida profesional, Darío Banegas, expondrá nuevamente.. Esta vez, la Escuela Superior del Profesorado "FRANCISCO MORAZAN" será la sede en el local de la Biblioteca de la Escuela mencionada y patrocinada la exposición por el Frente de Renovación Estudiantil (FRE).

Esta exposición se inicia el lunes 10 de octubre a las 10:00 a.m., y está constituida por más de cien caricaturas realizadas por Banegas a lo largo del presente año y publicadas por el diario EL HE-RALDO.

Al momento de inaugurar esta interesante y curiosa exposición Banegas dictará una conferencia sobre el Desarrollo de la Caricatura Hondureña como Vehículo de Expresión Popular.

Para que ustedes puedan disfrutar de la artística creatividad de nuestro caricaturista pueden visitar la exposición en el lugar antes mencionado del lunes al sábado 15 de octubre.

En Sociedad desea a nuestro compañero de labores muchas satisfacciones y reconocimientos del público que circule en esta exposición.

**Banegas
(EL HERALDO)** 8 de octubre de 1988

**Roberto Ruiz
(LA TRIBUNA)** 15 de octubre de 1988

**Napoleón Ham
(LA TRIBUNA)** 20 de octubre de 1988

**Sergio Chiuz
(LA TRIBUNA)** 10 de septiembre de 1988

**Doumont
(TIEMPO)** 27 de octubre de 1988

**Benitez
(TIEMPO)** 27 de octubre de 1988

McDonalds
(LA TRIBUNA) 27 de octubre de 1988

Roberto Ruiz
(LA TRIBUNA) 29 de octubre de 1988

Doumont
(TIEMPO) 29 de octubre de 1988

DOUMONT
(TIEMPO) 29 de octubre de 1988

Banegas
(EL HERALDO) 31 de octubre de 1988

McDonalds
(LA PRENSA) 31 de octubre de 1988

Doumont
(TIEMPO) 1 de noviembre de 1988

Banegas
(EL HERALDO) 9 de Noviembre de 1988

Napoleón Ham
(LA TRIBUNA) 12 de noviembre de 1988

Doumont
(TIEMPO) 5 de noviembre de 1988

Napoleón Ham
(LA TRIBUNA) 14 de noviembre de 1988

Raviber
(EL HERALDO) 19 de noviembre de 1988

Doumont
(TIEMPO) 17 de noviembre de 1988

DOUMONT
(TIEMPO) 22 de noviembre de 1988

Doumont
(TIEMPO) 26 de noviembre de 1988

Napoleón Ham
(LA TRIBUNA) 26 de noviembre de 1988

Napoleón Ham
(LA TRIBUNA) 21 de Septiembre de 1988

Sergio Chuiz
(LA TRIBUNA) 1 de diciembre de 1988

Napoleón Ham
(LA TRIBUNA) 27 de noviembre de 1988

Napoleón Ham
(LA TRIBUNA) 28 de noviembre de 1988

Napoleón Ham
(LA TRIBUNA) 30 de noviembre de 1988

McDonalds
(LA PRENSA) 1 de diciembre de 1988

Napoleón Ham
(LA TRIBUNA) 10 de diciembre de 1988

Banegas
(EL HERALDO) 12 de diciembre de 1988

Doumont
(TIEMPO) 12 de diciembre de 1988

DOUMONT
(TIEMPO) 13 de diciembre de 1988

McDonalds
(LA PRENSA) 15 de diciembre de 1988

Doumont
(TIEMPO) 15 de diciembre de 1988

Banegas
(EL HERALDO) 14 de diciembre de 1988

Doumont
(TIEMPO) 14 de diciembre de 1988

Doumont
(TIEMPO) 16 de diciembre de 1988

Napoleón Ham
(LA TRIBUNA) 16 de diciembre de 1988

Raviber
(EL HERALDO) 17 de diciembre de 1988

Raviber
(EL HERALDO) 17 de diciembre de 1988

Banegas
(EL HERALDO) 17 de diciembre de 1988

TREINTA AÑOS DESPUÉS

"LOS MERIDIANOS DE WASHINGTON Y DE LA PAZ PASAN POR NUESTRA REGIÓN".
RAMÓN VILLEDA MORALES, 1958

"LA PAZ PASA POR NICARAGUA"
JOSÉ SIMÓN AZCONA HOYO, 1988

Raviber
(EL HERALDO) 17 de diciembre de 1988

TALON DE AZCONA

LA TOLERANCIA ES TU PARTE VULNERABLE...

Napoleón Ham
(LA TRIBUNA) 17 de diciembre de 1988

AL OTRO LADO DE LA PARED

HUELGA

J.N.B.S.

SOLO FALTA QUE CHANDO Y ROMERO LE HAGAN UNA EN SU PROPIO PATIO...

Napoleón Ham
(LA TRIBUNA) 17 de diciembre de 1988

PERSPECTIVAS ECONOMICAS...

1986- 1987 - 1988

Doumont
(TIEMPO) 20 de diciembre de 1988

GENEROSIDAD NAVIDEÑA...

CARTA DE LIBERTAD

COHEP

Banegas
(EL HERALDO) 21 de diciembre de 1988

Napoleón Ham
(LA TRIBUNA) 22 de diciembre de 1988

Doumont
(TIEMPO) 22 de diciembre de 1988

Napoleón Ham
(LA TRIBUNA) 27 de diciembre de 1988

Banegas
EL HERALDO) 28 de diciembre de 1988

Doumont
(TIEMPO) 28 de diciembre de 1988

Banegas
(EL HERALDO) 28 de diciembre de 1988

Banegas
(EL HERALDO) 31 de diciembre de 1988

Doumont
(TIEMPO) 31 de diciembre de 1988

Napoleón Ham
(LA TRIBUNA) 31 de diciembre de 1988

Banegas
(EL HERALDO) 31 de diciembre de 1988

McDonalds
(LA TRIBUNA) 31 de diciembre de 1988

DOUMONT
(TIEMPO) 3 de enero 1989

Doumont
(TIEMPO) 6 de enero de 1989

1989:
A ECHARLE LA VACA A LA NUEVA ENERGÍA
Y LOS JUEGOS CENTROAMERICANOS

Los liberales, por lo menos en apariencia, se hacen un solo nudo con un solo objetivo: derrotar a Callejas. Pero la tercera victoria consecutiva de "los cheles" está como en chino. Huelgas, conspiraciones, reclamos y devaluación, son algunos de los problemas con los que el presidente Azcona debe lidiar. Honduras también organiza uno de los mejores Juegos Deportivos Centroamericanos de la historia.

Napoleón Ham
(LA TRIBUNA) 10 de enero de 1989

Banegas
(EL HERALDO) 11 de enero de 1989

Doumont
(TIEMPO) 11 de enero de 1989

Napoleón Ham
(LA PRENSA) 12 de enero de 1989

Doumont
(TIEMPO) 12 de enero de 1989

Raviver
(EL HERALDO) 14 de enero de 1989

Raviver
(EL HERALDO) 14 de enero de 1989

Doumont
(TIEMPO) 14 de enero de 1989

McDonalds
(LA PRENSA) 14 de enero de 1989

Napoleón Ham
(LA TRIBUNA) 14 de enero de 1989

Napoleón Ham
(LA TRIBUNA) 18 de enero de 1989

Napoleón Ham
(LA TRIBUNA) 19 de enero de 1989

PALENQUE

Napoleón Ham
(LA TRIBUNA) 21 de diciembre de 1988

Napoleón Ham
(LA TRIBUNA) 21 de enero de 1989

McDonalds
(LA PRENSA) 27 de enero de 1989

Napoleón Ham
(LA TRIBUNA) 28 de enero de 1989

Napoleón Ham
(LA TRIBUNA) 2 de febrero de 1989

Napoleón Ham
(LA TRIBUNA) 5 de febrero de 1989

Doumont
(TIEMPO) 9 de febrero de 1989

Banegas
(EL HERALDO) 10 de febrero de 1989

Raviber
(EL HERALDO) 11 de febrero de 1989

Deras
(LA TRIBUNA) 14 de febrero de 1989

McDonalds
(LA PRENSA) 14 de febrero de 1989

Napoleón Ham
(LA TRIBUNA) 14 de febrero de 1989

DOUMONT
(TIEMPO) 14 de febrero 1989

Banegas
(EL HERALDO) 15 de febrero de 1989

Doumont
(TIEMPO) 15 de febrero de 1989

Napoleón Ham
(LA TRIBUNA) 16 de febrero de 1989

Doumont
(TIEMPO) 17 de febrero de 1989

Napoleón Ham
(LA TRIBUNA) 18 de febrero de 1989

Napoleón Ham
(LA TRIBUNA) 25 de febrero de 1989

Raviber
(TIEMPO) 25 de febrero de 1989

Napoleón Ham
(EL HERALDO) 25 de febrero de 1989

Napoleón Ham
(LA TRIBUNA) 28 de febrero de 1989

R. Dorian
(LA PRENSA) 7 de marzo de 1989

Napoleón Ham
(LA TRIBUNA) 8 de marzo de 1989

Napoleón Ham
(LA TRIBUNA) 10 de marzo de 1989

Napoleón Ham
(LA TRIBUNA) 11 de marzo de 1989

Raviber
(EL HERALDO) 11 de marzo de 1989

Banegas
(EL HERALDO) 11 de marzo de 1989

Doumont
(TIEMPO) 15 de marzo de 1989

Doumont
(TIEMPO) 22 de marzo de 1989

Doumont
(TIEMPO) 28 de marzo de 1989

Banegas
(EL HERALDO) 30 de marzo de 1989

Doumont
(TIEMPO) 30 de marzo de 1989

Banegas
(EL HERALDO) 10 de abril de 1989

Banegas
(EL HERALDO) 10 de abril de 1989

Doumont
(TIEMPO) 12 de abril de 1989

Banegas
(EL HERALDO) 13 de abril 1989

Banegas
(TIEMPO) 17 de abril 1989

DOUMONT
(TIEMPO) 19 de abril 1989

Doumont
(TIEMPO) 15 de abril de 1989

Raviber
(EL HERALDO) 22 de abril de 1989

Raviber
(El Heraldo) 22 de abril de 1989

Banegas
(EL HERALDO) 22 de abril de 1989

Banegas
(EL HERALDO) 24 de abril de 1989

Doumont
(TIEMPO) 28 de abril de 1989

Roberto Ruiz
(LA TRIBUNA) 22 de abril de 1989

Doumont
(TIEMPO) 3 de mayo de 1989

Banegas
(EL HERALDO) 14 de mayo de 1989

Roberto Ruiz
(LA TRIBUNA) 6 de mayo de 1989

Banegas
(EL HERALDO) 9 de mayo de 1989

Napoleón Ham
(LA TRIBUNA) 9 de mayo 1989

Raviber
(EL HERALDO) 20 de mayo de 1989

Napoleón Ham
(EL HERALDO) 25 de mayo de 1989

Bey Avendaño
(LA TRIBUNA) 27 de mayo de 1989

Mou
(EL HERALDO) 20 de mayo de 1989

Banegas
(EL HERALDO) 29 de mayo de 1989

Doumont
(TIEMPO) 28 de abril de 1989

Roberto Ruiz
(LA TRIBUNA) 22 de abril de 1989

Doumont
(TIEMPO) 3 de mayo de 1989

Roberto Ruiz
(LA TRIBUNA) 7 de abril de 1989

Roberto Ruiz
(LA TRIBUNA) 8 de abril de 1989

Raviber
(EL HERALDO) 8 de abril de 1989

Napoleón Ham
(LA TRIBUNA) 13 de mayo de 1989

Doumont
(ETIEMPO) 15 de mayo de 1989

Doumont
(TIEMPO) 17 de mayo de 1989

Bey Avendaño
(LA TRIBUNA) 17 de mayo de 1989

Banegas
(EL HERALDO) 18 de mayo de 1989

Doumont
(TIEMPO) 19 de mayo de 1989

Doumont
(TIEMPO) 5 de junio de 1989

McDonalds
(LA PRENSA) 6 de junio de 1989

Roberto Ruiz
(La Tribuna) 7 de junio de 1989

Doumont
(TIEMPO) 9 de junio de 1989

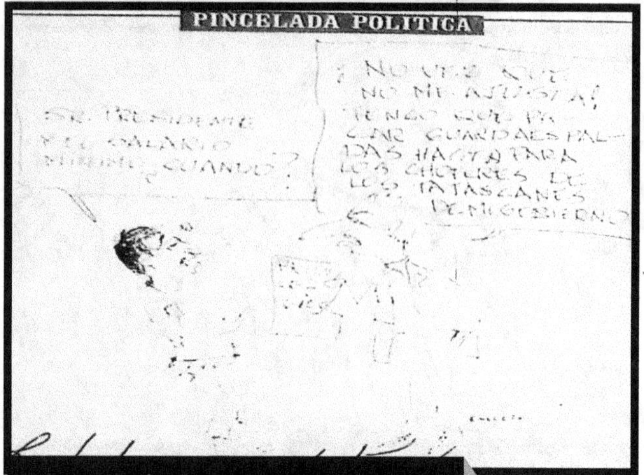

Roberto Ruiz
(LA TRIBUNA) 6 de julio 1989

Doumont
(TIEMPO) 6 de julio 1989

...AL "CUERNO"

Napoleón Ham
(LA TRIBUNA) 7 de julio 1989

CAMBIOS...

EN JUTICALPA SE ESTA CONSTRU-YENDO UN SUPER HOSPITAL

DIRECCION DE DIARIO **TIEMPO**

PERO... ¿NOS DEJARIA GOBERNAR EL PAIS POR UN DIA?

Doumont
(TIEMPO) 27 de junio de 1989

Raviber
(EL HERALDO) 8 de julio de 1989

Banegas
(EL HERALDO) 24 de julio de 1989

Banegas
(EL HERALDO) 15 de julio de 1989

Doumont
(TIEMPO) 27 de julio de 1989

Napoleón Ham
(LA TRIBUNA) 29 de julio de 1989

Banegas
(EL HERALDO) 29 de junio de 1989

Banegas
(EL HERALDO) 29 de junio de 1989

McDonalds
(LA PRENSA) 31 de julio de 1989

Banegas
(EL HERALDO) 1 de agosto de 1989

Banegas
(EL HERALDO) 3 de agosto de 1989

Napoleón Ham
(LA TRIBUNA) 4 de agosto de 1989

McDonalds
(LA PRENSA) 5 de agosto de 1989

Raviber
(TIEMPO) 5 de agosto de 1989

Banegas
(EL HERALDO) 5 de agosto de 1989

Roberto Ruiz
(LA TRIBUNA) 5 de agosto de 1989

Deras
(LA TRIBUNA) 7 de agosto de 1989

Doumont
(TIEMPO) 8 de agosto de 1989

Napoleón Ham
(LA TRIBUNA) 8 de agosto de 1989

Roberto Ruiz
(LA TRIBUNA) 8 de agosto de 1989

Banegas
(EL HERALDO) 9 de agosto de 1989

Bey Avendaño
(LA TRIBUNA) 9 de agosto de 1989

Banegas
(LA TRIBUNA) 12 de agosto 1989

Napoleón Ham
(LA TRIBUNA) 12 de agosto de 1989

Doumont
(TIEMPO) 12 de agosto de 1989

Roberto Ruiz
(LA TRIBUNA) 17 de agosto de 1989

Banegas
(EL HERALDO) 6 de agosto de 1989

Napoleón Ham
(LA TRIBUNA) 18 de agosto de 1989

Banegas
(EL HERALDO) 19 de agosto de 1989

Napoleón Ham
(LA TRIBUNA) 16 de septiembre de 1989

Sergio Chiuz
(LA TRIBUNA) 20 de septiembre de 1989

Gallo
(TIEMPO) 22 de septiembre de 1989

Doumont
(TIEMPO) 3 de octubre de 1989

Napoleón Ham
(LA TRIBUNA) 5 de agosto de 1989

Doumont
(TIEMPO) 7 de octubre de 1989

Banegas
(EL HERALDO) 10 de octubre de 1989

TERCOS

Napoleón Ham
(LA TRIBUNA) 10 de octubre de 1989

Doumont
(TIEMPO) 11 de octubre de 1989

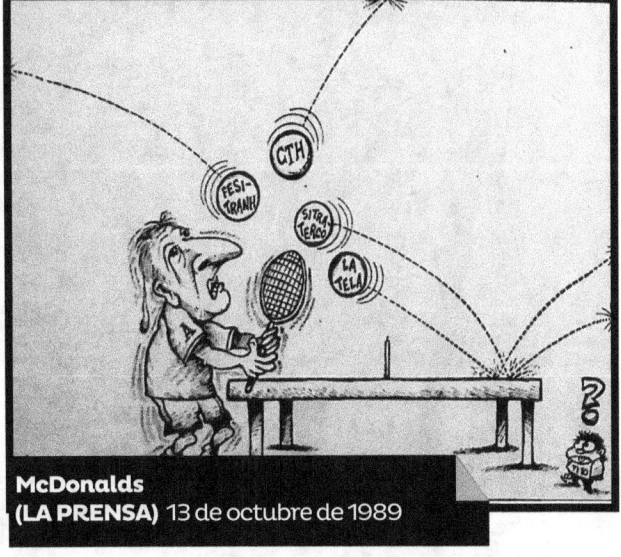

McDonalds
(LA PRENSA) 13 de octubre de 1989

Roberto Ruiz
(LA TRIBUNA) 14 de octubre de 1989

Sergio Chiuz
(LA TRIBUNA) 14 de octubre de 1989

Roberto Ruiz
(LA TRIBUNA) 17 de octubre de 1989

ESFUERZO SOBREHUMANO...

Banegas
(EL HERALDO) 14 de octubre de 1989

Banegas
(EL HERALDO) 17 de octubre 1989

Doumont
(TIEMPO) 19 de octubre de 1989

Banegas
(EL HERALDO) 21 de octubre de 1989

Banegas
(EL HERALDO) 26 de octubre de 1989

Sergio Chiuz
(LA TRIBUNA) 28 de octubre de 1989

Banegas
(EL HERALDO) 31 de octubre de 1989

Doumont
(TIEMPO) 3 de noviembre de 1989

Napoleón Ham
(LA TRIBUNA) 10 de noviembre de 1989

Doumont
(TIEMPO) 10 de noviembre de 1989

Banegas
(EL HERALDO) 11 de noviembre de 1989

Napoleón Ham
(LA TRIBUNA) 11 de noviembre de 1989

Napoleón Ham
(LA TRIBUNA) 25 de noviembre de 1989

Banegas
(EL HERALDO) 15 de noviembre de 1989

Gabo
(TIEMPO) 15 de noviembre de 1989

Roberto Ruiz
(LA TRIBUNA) 1 de diciembre de 1989

Doumont
(TIEMPO) 18 de noviembre de 1989

Banegas
(EL HERALDO) 2 de diciembre de 1989

McDonalds
(LA PRENSA) 2 de diciembre de 1989

Napoleón Ham
(LA TRIBUNA) 5 de diciembre de 1989

McDonalds
(LA PRENSA) 6 de diciembre de 1989

Doumont
(TIEMPO) 6 de diciembre de 1989

Napoleón Ham
(LA TRIBUNA) 6 de diciembre de 1989

Doumont
(TIEMPO) 7 de diciembre 1989

Banegas
(EL HERALDO) 7 de diciembre de 1989

Bey Avendaño
(LA TRIBUNA) 8 de diciembre de 1989

Roberto Ruiz
(LA TRIBUNA) 9 de diciembre de 1989

Doumont
(TIEMPO) 1 de enero de 1990

Bey Avendaño
(LA TRIBUNA) 11 de diciembre de 1989

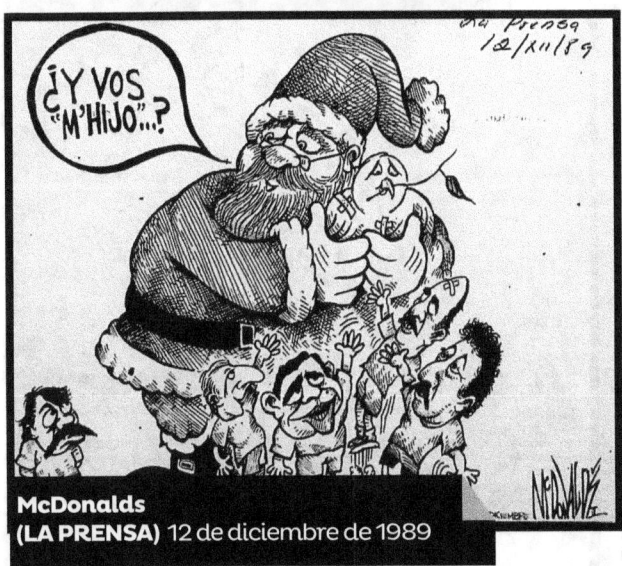

McDonalds
(LA PRENSA) 12 de diciembre de 1989

Napoleón Ham
(LA TRIBUNA) 12 de diciembre de 1989

Napoleón Ham
(LA TRIBUNA) 5 de enero de 1990

Banegas
(EL HERALDO) 5 de enero de 1990

Roberto Ruiz
(LA TRIBUNA) 6 de enero de 1990

Banegas
(EL HERALDO) 9 de enero de 1990

Doumont
(TIEMPO) 8 de diciembre de 1989

Banegas
(EL HERALDO) 6 de enero de 1990

Roberto Ruiz
(LA TRIBUNA) 10 de enero de 1990

Lalo
(LA REPUBLICA) 10 de diciembre de 1989

Banegas
(EL HERALDO) 9 de diciembre de 1989

Napoleón Ham
(LA TRIBUNA) 16 de noviembre de 1989

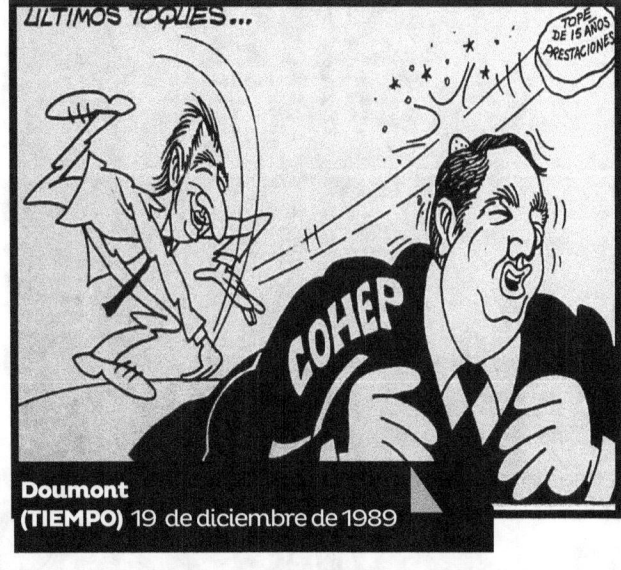

Doumont
(TIEMPO) 19 de diciembre de 1989

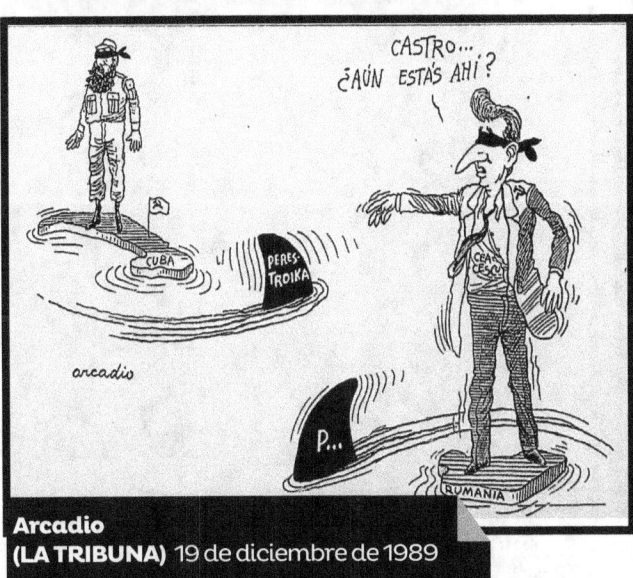

Arcadio
(LA TRIBUNA) 19 de diciembre de 1989

Zavala
(La Tribuna) 19 de diciembre de 1989

PURA PLATA...

BUSEROS

25 CTVS.   SUBSIDIOS

Doumont
(TIEMPO) 11 de enero de 1990

MEDALLA DE HOYO

EXITO

IV JUEGOS
CENTROAMERICANOS

Banegas
(EL HERALDO) 15 de enero de 1990

DESPUES DEL TRUENO...

¡YANKIS GO HOME!

ARCOS

Banegas
(EL HERALDO) 17 de enero de 1990

USTED SER UNO DE
LOS MEJORES ACTORES DE
"EN BUSCA DE LA PAZ PERDIDA"

DODD

Napoleón Ham
(LA TRIBUNA) 13 de enero de 1990